학습컨설팅 시리즈

02

학습전략 프로그램 워크북

: 집중전략

Learning Strategies Program Workbook: Concentration Strategy

김정섭 · 강명숙 · 윤채영 · 정세영
김지영 · 김소영 · 황두경

박영story

머리말

미래에는 학습이 중심이 되는 시대가 올 것이며, 평생학습이 더 확산될 것이다. 그러나 아직까지 학교현장은 학습보다 교육에, 학생역량보다 교사역량에 더 초점을 두는 것 같다. 가르치는 사람이 교육의 주체라고 여기는 사람들이 여전히 많기 때문이다. 대부분의 사람들은 교사가 잘 가르치면 학생은 잘 배울 것이라고 믿는다. 그래서 많은 교육자들이 학습의 질은 교육의 질을 넘어설 수 없다고 말한다.

그러나 교육의 질과 학습의 질을 동의어로 보아서는 안 된다. 교사의 역량과 상관없이 학생이 자기주도적으로 학습할 때 더 잘 배울 수 있기 때문이다. 교사가 가르치는 역량을 높여야 학습이 잘 이루어진다는 생각은 학생을 지나치게 수동적인 존재로 보는 관점이다. 교사가 어떻게 가르치느냐에 따라 학생의 학습수준이 결정된다고 보기 때문이다.

우리는 이런 관점에서 벗어나 학생의 학습역량을 높이는 것이 무엇보다 중요하고 선결되어야 한다는 관점을 가지고 있다. 학생이 학습으로부터 도망가고 있는데, 교사의 수업역량만 개선하는 것은 문제의 본질을 건드리지 못하고 변죽만 울리는 꼴이다. 교사연수를 통해 교사의 역량을 향상시키려 하였으나 학생의 학습문제가 더 심각해지는 현실을 보면, 교육에 대한 관점의 전환이 필요한 시점임을 알 수 있다. 우리나라 학생들은 대부분 대학진학을 목표로 열심히 공부하면서 학창시절을 보내고, 대학진학 후에도 취업하기 위해 열심히 공부한다. 그러나 많은 대학생은 스스로 학습관리를 해 나가야 하는 학습환경 속에서 당혹감과 상실감을 경험한다. 대학 수업에 적합한 학습전략을 가지고 있지 않을 때 더욱 그렇다. 우리는 학업에 적응하지 못하는 대학생을 연구하며, 이러한 문제를 해결하기 위해 초등학생 및 중학생 때부터 학습전략을 익히고 활용하는 것이 중요하다는 것을 알게 되었다. 여러 해 동안 초등학교와 중학교에 학습전략 프로그램을 적용하며 그 효과를 연구하였고, 많은 연구물과 책을 발간하게 되었다. 그리고 기존의 책들을 정리하여 이 책을 재출간하였다.

특히 아직 스스로 학습하는 방법을 모르는 초등학생과 중학생들에게 이 학습전략 프로그램을 권하고 싶다. 또한 학교나 기타 교육기관도 학생들에게 단지 '열심히 공부하라'고 말하기보다는 이 프로그램을 도입하여 아이들이 진정한 꿈을 찾고 그 꿈을 달성하는 방법을 익히도록 도와주기를 권한다.

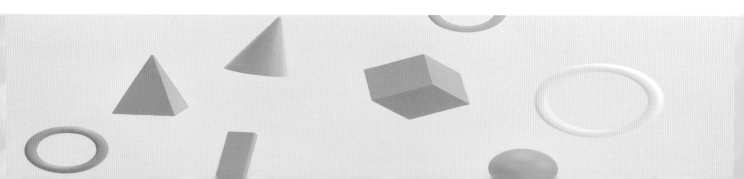

이 책은 다음과 같이 구성되어 있다. 첫 권은 시간관리에 관한 것이다. 학습의 양은 실제로 학습한 시간에 정비례한다. 학습하기 위해 사용한 시간이 많을수록 배운 것이 더 많다는 것이다. 여기서 중요한 점은 책상에 앉아 있는 시간이 아니라 집중해서 학습한 시간의 양이다. 목표의식을 잃은 아이들은 학습에 집중하지 못하고 왜 학습해야 하는지도 모른다. 따라서 학습은 시간관리부터 시작해야 한다. 이 책의 안내에 따라 교육받은 학생은 자신의 꿈을 찾는 것과 그 꿈을 이루기 위해 시간을 효과적으로 관리하는 방법을 배우게 될 것이다.

둘째 권의 집중전략 부분에서는 집중이 잘되는 환경을 만들고, 집중력을 높이는 다양한 방법이 소개되어 있다. 이 책에서는 학생들이 자신의 어떤 집중력이 부족한지 파악하고 그것을 극복하는 방법을 배우게 될 것이다.

셋째 권은 기억전략의 내용을 담고 있다. 아무리 많은 시간 동안 집중해서 공부했더라도 자고 나서 그것을 잊어버린다면 정말 안타까울 것이다. 따라서 배운 것을 잘 기억하는 방법을 익히면 그렇지 않은 학생에 비해 더욱 학업성취도를 높일 수 있을 것이다.

넷째 권의 읽기전략 부분에서는 사칙연산이라는 신선한 접근법을 통하여 읽기전략을 쉽게 가르치고 배울 수 있다. 특히 대부분의 학생들이 어려워하는 추론하면서 읽기 부분을 세분화하여 단계별로 학습할 수 있도록 구성하였다.

다섯째 권의 시험관리는 평소 공부습관과 시험에 대한 태도부터 시험 직전까지의 준비와 실제 시험상황 그리고 시험 후의 분석까지 체계적으로 알려주고 있다. 또 시험불안에 대한 정도를 알아보고 이를 극복할 수 있는 방안까지 제시하고 있어서 시험에 대한 걱정이 많은 학생들에게 도움이 될 것이다.

이 다섯 가지의 학습전략 프로그램은 학습컨설턴트나 교사가 학생들에게 쉽게 전달할 수 있도록 수업지도안 형태로 구성되었으므로, 전문가가 학생들에게 쉽게 전달할 수 있는데 조금이나마 도움이 되리라 믿어 의심치 않는다. 많은 이들이 사용해보고 피드백을 연구진에게 전해 준다면, 점차 더 좋은 책으로 발전되리라 확신한다.

OECD 국가 중 행복지수에서 우리나라가 항상 하위권에 머무르고 있다. 더구나 학생들의 행복지수는 거의 꼴등에 가까운 것이 현실이다. 따라서 이 책을 통해 많은 아이들이 학습에 있어서 진정한 행복을 느낄 수 있기를 진심으로 바라는 바이다. 끝으로 이 연구결과물이 나올 수 있게 도움을 주신 많은 분들께 감사의 말을 전한다.

저자를 대표하여 김 정 섭

■목 차■

chapter 01

집중이 잘 되는 환경 만들기

CHAPTER 01 집중이 잘 되는 환경 만들기

◉ 집중력은 주의를 모아 공부하는데 생각과 마음을 온전히 집중하는 힘입니다. 집중력은 공부를 시작하도록 하고, 계속 공부할 수 있도록 하는데 아주 중요한 역할을 합니다. 그래서 공부를 즐겁게 하기 위해서는 먼저 집중력을 높이려는 노력이 필요합니다. 집중력은 생각과 마음, 그리고 주변 환경의 정리에서 시작됩니다. 집중력 향상의 첫 단계인 제1장에서는 주의집중이 잘 되는 학습환경을 만드는 방법을 배우고 연습해 보겠습니다.

목표

◉ 주의집중력이 무엇인지 알고, 주의집중력이 공부할 때 왜 필요한지 이해할 수 있다.
◉ 공부할 때 주의가 산만해지지 않도록 필통, 가방, 사물함을 정리하는 방법과 책상을 정리하는 방법을 사용할 수 있다.
◉ 집중이 잘 되는 생활습관을 형성할 수 있다.
◉ 공부할 때 집중이 잘 되게 하는 마음과 생각, 태도를 가질 수 있다.

준비물

◉ 학생용 워크북
◉ 색깔펜, 4절 도화지

활동 1 아래 문제를 읽고 **O** 또는 **×** 표시 해보세요.

퀴즈1. 흥미롭거나 긴급한 상황에 처하면 집중력이 높아진다. (   )

퀴즈2. 집중력은 선천적으로 결정되기 때문에 훈련을 통해서 향상시킬 수 없다. (   )

퀴즈3. 관심 없는 일에는 집중력을 발휘할 수 없다. (   )

퀴즈4. 집중력은 건강과도 관련이 깊다. (   )

퀴즈5. 집중력은 잘못된 생각과 행동으로도 흐트러질 수 있다. (   )

퀴즈6. 집중력은 주변 환경에 의해 방해받지 않는다. (   )

활동 1   나의 공부환경은 어떤 모습인가?

 평상시 내 책상 위 모습은 어떤지 그려보세요.

 평상시 내 학교사물함 속에는 무엇이 어떤 모습으로 들어 있는지 그려보세요.

 평상시 내 필통 속에는 무엇이 어떤 모습으로 들어 있는지 그려보세요.

활동 2   나의 공부환경을 어떻게 바꾸면 집중을 더 잘할 수 있을까?

 서로의 공부환경을 살펴보고, 각자 칭찬할 점과 고치면 좋을 점을 적어보세요.

	칭찬할 점	고치면 좋을 점

 다른 친구의 조언을 듣고 내가 느낀 점은 무엇인가요?

집중이 잘 되는 환경 만들기

활동 1 수희는 공부를 하려고 책상에 앉았습니다. 근데, 책상은 엉망으로 어질러져 있었습니다. 이때 수희는 어떤 기분일까요? 그리고 무슨 생각이 들었을까요?

활동 2 다음 ( )안에 알맞은 말을 채워보세요.

---

1. 책상 위는 항상 깨끗이 정리정돈하기!

   ① 책상은 ( ) 정리한다.
   ② 책상 위에는 (

) 확인한다.

---

2. 학교 사물함은 책과 학용품을 섞이지 않도록 분류하여 정리하기!

   ① 가장 크기가 ( )을 왼쪽에 → ② 그 다음 ( ) 넣
   기 → ③ 중간에 ( )를 넣기 → ④ 작은 바구니에 개인물건담기
   ( )

---

3. 필통 속은 공부에 필요한 필기구를 쉽게 꺼내 쓸 수 있게 정리하기!

   연필이나 샤프( ), 지우개, 볼펜( ) 또는 형광
   펜( ), 자, 수정액 등 수업에 필요한 필기구는 반드시 구비한다.

---

4. 공부에 방해되는 것들은 ( )!

   공부를 할 때는 컴퓨터나 핸드폰, 음악, TV 등 공부에 방해되는 것들
   은 잠시 멀리하고, 소음이 차단된 곳에서 ( )
   를 정해서 ( )에서 공부를 한다.

---

5. 건강한 생활습관 기르기!

   ① 매일 ( ) 정도 푹 자기 ② 하루 ( ) 꼭 챙겨먹기
   ③ 적당한 운동하기 ④ 인스턴트 음식 많이 먹지 않기

집중이 잘 되는 마음가짐

-공부 준비는 이렇게!

활동 1 집중이 잘 되도록 하기 위해 공부를 시작할 때 어떤 마음과 생각, 태도를 가져야 할까요?

공부를 준비하는 마음

공부를 준비하는 생각

공부를 준비하는 태도

집중 환경 점검하기

활동 1 그동안 배웠던 내용을 점검해 볼까요?

연번	질문	전혀 아니다 1	아니다 2	그렇다 3	매우 그렇다 4	친구 점수 /4
1	주변 환경을 집중이 잘 되도록 정리하는 방법을 배웠습니까?	1	2	3	4	/4
2	공부에 꼭 필요한 필기구들을 필통 속에 잘 정리하는 방법을 배웠습니까?	1	2	3	4	/4
3	지금까지 배운 대로 책상, 사물함, 필통을 정리한 후, 공부할 때 집중이 더 잘 되었습니까?	1	2	3	4	/4
4	지금까지 배운 공부환경 정리방법을 실제 생활에서 스스로 실천할 자신이 있습니까?	1	2	3	4	/4
5	책상 위를 정리하는 방법에는 무엇이 있습니까? (3가지만 적어보기) ① ② ③	1	2	3	4	/4
6	학교 사물함을 정리하는 방법은 무엇입니까? (3가지만 적어보기) ① ② ③	1	2	3	4	/4
7	집중이 잘 되는 생활습관에는 무엇이 있습니까? (3가지만 적어보기) ① ② ③	1	2	3	4	/4

칭찬 하기	친구가 칭찬하기	나에게 칭찬하기

활동 2 나의 다짐

-나는 공부 준비를 이렇게 하겠습니다!

첫째, 나는 (· · · · · · · · · ·) 한 마음으로 공부를 시작할 것입니다.

둘째, 나는 (· · · · · · · · · ·) 한 생각으로 공부를 시작할 것입니다.

셋째, 나는 (· · · · · · · · · ·) 하는 태도로 공부를 시작할 것입니다.

오늘부터 다음 수업시간까지
공부를 시작하면서 집중이 잘 되도록 하기 위해 위 3가지를 지킬 것을 다짐합니다.

년   월   일

성명   (인)

날짜						
확인						

chapter

02

청각적 주의집중력

CHAPTER 02

청각적 주의집중력

◉ 청각적 주의집중력은 말로 전달되는 내용을 잘 듣고, 그 내용을 잘 이해해서 행동하게 하는데 중요한 역할을 합니다. 학교수업은 대부분 선생님이 하시는 설명을 듣고 이해하고 행동하도록 되어 있습니다. 그래서 학습에서 '듣기'는 핵심적인 부분이며, 공부의 출발점이 된다고 할 수 있습니다. 보통 공부를 못하는 학생들은 산만하여 선생님이 말씀하시는 지시사항을 한 번 듣고 이해하지 못해 되물어 보는 좋지 않은 습관을 가지고 있습니다. 여러분 스스로 집중력이 부족하다고 느낀다면 잘 듣는 연습부터 해 보는 게 어떨까요?

주의집중력 향상의 두 번째 단계인 제2장에서는 청각적 주의집중력을 좋아지게 하는 여러 가지 방법들을 배우고, 연습해 보게 될 것입니다.

목표

◉ 청각적 주의집중력이 무엇인지 알고, 공부할 때 왜 필요한지 이해할 수 있다.

◉ 청각적 주의집중력이 좋아지는 여러 가지 방법을 사용할 수 있다.

준비물

◉ 학생용 워크북

청각적 주의집중력이란 무엇일까?

활동 1 다음 (   )안에 알맞은 말을 채워보세요.

---

1. 청각적 주의집중력의 의미는?

오감 중 (   )에 집중하여 상대방이 말하는 내용을 잘 듣고, 적절한 반응을 하거나 지시한 내용을 잘 수행하는 능력이다.

---

2. 청각적 주의집중력이 부족하면 어떤 어려움이 있을까요?

(여러분의 경험을 적어도 괜찮습니다.)

---

3. 청각적 주의집중력은 연습을 통해서 향상될 수 있다! (○ , X)

---

4. 청각적 주의집중력 실천전략! (다음 (   )를 채워 문장을 완성하세요.)

" 한 가지에만 집중하라 ! 어디에? (   ) ! "

① (   )를 쫑끗 세우고 (   )을 두고 듣기. 그리고 난 후 지시에 따라 행동하기

② 항상 자신에게 스스로 (   )을 하기

"○○야! 지금 집중해서 수업을 잘 듣고 있는 거니?"

③ 지시사항에 따라 행동을 한 후 제대로 했는지 확인하고 점검하기

"어떻게 했지?"

④ 나 스스로에게 칭찬과 용기를 주기

"소리에 잘 집중해서 행동했네. 정~말 잘했어!!!" "실수해도 괜찮아! 다음에 더 잘 듣도록 노력하자!"

동요 듣고 가사 따라 그리기

활동1 들려주는 동요의 가사를 완성한 후, 가사에 맞게 그림을 그려보세요.

 동요를 두 번 들려줍니다. 동요를 들으면서 가사를 완성해 보세요.

 동요를 한 번 더 들려줍니다. 동요를 들으면서, 가사에 맞게 그림을 완성하세요.

오른손, 왼손 게임, 숫자 더하기 게임

활동 1 오른손, 왼손 게임

활동 2 앞에 불러준 숫자와 더하기

활동 1 숫자나 글자를 듣고 기억해서 그 내용을 쓰세요.

1		2		3	
4		5		6	
7		8		9	
10		11		12	
13		14		15	
16		17		18	
19		20		21	
22		23		24	

모눈종이 그림 그리기

-무엇일까요?

활동 1

지시사항을 듣고 아래 모눈종이판에 그림을 완성해 보세요.

귓속말 전달하기

활동 1 옆 친구에게 들은 내용을 전달해서 글을 완성하는 게임입니다.

게임방법
① 한 모둠씩 교실 앞으로 나와 일렬로 선다.
② 외운 낱말카드 문장을 귓속말로 옆에 있는 모둠원에게 전달하게
한다.
③ 전달받은 학생은 옆 친구에게 전달받은 내용을 전달하고, 마지
막에 전달받은 내용을 종이에 받아쓰드록 한다.
④ 자신의 문장을 전달한 학생은 맨 마지막으로 가서 문장을 받아
기록하는 역할을 한다.
⑤ 다시 맨 앞에 있는 학생이 자신이 외운 문장을 옆 친구에게 전달
한다.

활동 1 이야기를 두 번 듣고, 다음 질문에 답해 보세요.

1) 미셸박사는 몇 살 아이들에게 이 실험을 했나요?   (   )

2) 지금 들었던 이야기에 어떤 제목을 붙여 볼 수 있을까요?   (   )

3) 실험에 참여했던 전체 아이들 중 몇 분의 몇이나 되는 아이들이 참지 못하고 마시멜로를 허겁지겁 먹어 치웠나요?   (   )

4) 다음의 뜻을 가진 단어는 무엇인가요?

 ① _____ : 순간의 욕구를 참아내고 행동을 다 잡는다.

 ② _____ : 다른 데 한 눈 팔지 않고, 한 가지 일에 온 힘, 온 정신을 쏟아 붓는다.

 이번에는 이야기를 다시 들은 후, 중심내용을 정리해서 써 보세요.

활동 2 이야기를 두 번 듣고, 다음 질문에 답해 보세요.

1) 이야기 내용에서 우리나라 기온이 크게 높아져 농작물 재배 한계선이 올라가면서 대표적인 산지와 농산물을 연결하는 말이 사라질 것으로 보았다. 농작물 재배 한계선은 어느 쪽으로 올라간다고 보도했나요? (　　　　　)

2) 다음 (　)를 채워 문장을 완성하세요.

① 제주 감귤이 앞으로는 경남, (　　　　　) 특화작물로 확대되어 질 것이다.

② 온대 과일인 (　　　)는 우리나라가 지구 온난화로 인해 (　　　　　) 기후로 변화하면서 재배 면적이 줄고 있다.

3) 통계청 관계자가 지구 온난화로 인해 아열대 기후로 변화되는 상황에서 농작물 재배에 대한 대책을 제시하였다. 관계자가 제시한 방안이 무엇인지 쓰세요.

 이번에는 이야기를 다시 들은 후, 중심내용을 정리해서 써 보세요.

청각적 주의집중력 점검하기

활동 2 그동안 배웠던 내용을 점검해 볼까요?

연번	질문	전혀 아니다	아니다	그렇다	매우 그렇다	친구 점수
		1	2	3	4	/4
1	청각적 주의집중력이 무엇인지 잘 이해했나요?	1	2	3	4	/4
2	공부할 때, 청각적 주의집중력이 왜 필요한지 잘 알게 되었나요?	1	2	3	4	/4
3	청각적 주의집중력 전략을 익힌 후, 다른 사람의 얘기를 잘 듣고 그 내용을 잘 이해하게 되었나요?	1	2	3	4	/4
4	앞으로 수업시간에 수업내용을 집중해서 잘 들을 자신이 생겼나요?	1	2	3	4	/4
5	청각적 주의집중력 관리방법에는 무엇이 있나요? ① ② ③ ④	맞은 개수	(/4개)			
칭찬하기	친구가 칭찬하기	나에게 칭찬하기				

chapter 03

시각적 주의집중력

시각적 주의집중력

⦿ 시각적 주의집중력은 눈에 보이는 많은 정보 중에서 지금 필요한 정보에만 주의를 기울일 수 있게 하는 마음의 힘입니다. 학교수업은 교과서와 칠판에 판서된 수업 내용, 온라인 자료 등 다양한 수업자료를 가지고 진행됩니다. 그래서 여러분은 눈에 보이는 많은 자극들 중 수업시간에 필요한 자료에만 주의를 기울여 눈여겨보고 내용을 이해하려고 의식적으로 노력을 해야 합니다. 그렇지 않으면 창밖의 풍경을 본다든지, 장난치는 친구를 보느라 주의가 산만해져 수업내용을 쉽게 놓쳐버릴 수 있습니다. 공부를 잘하는 친구들은 수업시간에는 수업과 관련된 내용에만 시선과 생각을 두는 좋은 습관을 가지고 있습니다. 여러분 스스로 산만해서 수업시간에 많은 수업내용을 놓친다고 느낀다면 먼저 의식적으로 시선을 필요한 자료에 고정하고 그 내용을 파악하려고 노력하는 연습부터 해 보는 게 어떨까요?

주의집중력 향상의 세 번째 단계인 제3장에서는 잘 보고 이해하여 행동하게 하는 시각적 주의집중력을 좋아지게 하는 여러 가지 방법들을 배우고, 연습해 보게 될 것입니다.

목표

⦿ 시각적 주의집중력이 무엇인지 알고, 공부할 때 왜 필요한지 이해할 수 있다.

⦿ 시각적 주의집중력이 좋아지는 여러 가지 방법을 사용할 수 있다.

준비물

⦿ 학생용 워크북

시각적 주의집중력이란 무엇일까?

활동 1 다음 [   ]안에 알맞은 말을 채워보세요.

---

1. 시각적 주의집중력의 의미는?

(   ) 자극을 알아채고 필요한 것들만 기억할 수 있도록 선별적으로 주의를 집중하는 능력을 말한다.

---

2. 시각적 주의집중력이 부족하면 어떤 어려움이 있을까요?

(여러분의 경험을 적어도 괜찮습니다.)

---

3. 시각적 주의집중력은 연습을 통해서 향상될 수 있다! (○ , X)

---

4. 시각적 주의집중력 실천전략! (다음 (   )를 채워 문장을 완성하세요.)

"한 가지에만 집중하라 ! 어디에 ? (   )!"

① (   )을 크게 뜨고 (   )을 두고 선택적으로 보기

　　같은 점, 다른 점 등을 눈을 크게 뜨고 비교하면서 선택적으로 보기

② 항상 자신에게 스스로 (   )을 하기

　　" OO 야! 지금 집중해서 수업을 잘 보고 있는 거니?"

③ 지시사항에 따라 행동을 한 후 제대로 했는지 확인하고 점검하기

　　"어떻게 했지?"

④ 나 스스로에게 칭찬과 용기를 주기

　　"보는 것에 잘 집중했네. 정~말 잘했어!!!" "실수해도 괜찮아! 다음에 더 선택적으로 잘 보도록 노력하자!"

서로 다른 부분 찾기

-무엇이 다를까요? 1

활동 1

다음 두 그림을 보고 서로 다른 부분을 찾아보세요. [힌트 5개]

활동 2

다음 두 그림을 보고 서로 다른 부분을 찾아보세요. [힌트 없음]

가

				◉				♠
33			$\frac{2}{3}$				①	
	▲			▣				
▨						☎		♡
	♪		19				◆	
	▦			♨				
						½		★
	Ⓚ		⑥			♠		
			↗	※				⇔
$\frac{1}{8}$		☆			♫			§

나

♠				◉				♠
31			$\frac{2}{3}$				①	
	▲		◎	▣				
▨								♡
	♪		19		☎	★		
	▦	■		♨				
						$\frac{1}{3}$		◈
Ⓚ			⑨		♤			
	△		↙	※				☐
$\frac{1}{8}$		☆			♪			§

숨은 글자 찾기

활동 1 다음 글자판을 보고 숨어 있는 단어를 모두 찾아보세요. [힌트 없음]

아	추	석	후	수	정	이	야
육	사	식	아	영	자	신	차
교	사	용	안	카	커	여	우
시	랑	파	여	토	마	토	쿤
니	펑	셩	안	경	라	투	하
아	형	커	양	홍	방	참	외
카	인	사	휴	포	령	상	김
메	자	트	몬	토	손	구	차

다음 글자판에는 과일이름이 숨어 있어요. 꼭꼭 숨어 있는 과일을 모두 찾아서 맛있게 먹어볼까요? [힌트 없음]

시	체	리	각	나	지	랑	교	수	남	멋	시	이	르	고
중	오	집	파	양	용	찾	수	박	카	먹	블	향	사	랑
씨	과	란	인	고	샘	노	시	난	코	코	짜	루	출	시
포	습	아	애	오	예	요	다	복	숭	아	공	양	베	간
자	타	하	플	엑	우	외	차	체	코	트	참	사	험	리
구	침	고	회	의	요	포	도	민	범	파	바	나	과	참
엉	참	외	최	성	복	윤	솔	이	멍	총	이	잠	실	례
경	고	학	도	포	오	몽	라	피	로	자	놈	하	주	로
대	및	토	앙	카	렌	이	우	아	니	예	몽	과	오	치
은	행	티	마	호	지	타	니	리	첨	고	돌	파	외	바
최	오	앙	두	토	하	높	락	파	는	레	몬	이	니	사
이	까	딸	고	마	늘	찌	회	각	파	짜	라	비	인	군
초	상	린	기	칼	포	다	루	자	두	망	증	나	키	포
과	휘	고	효	망	고	교	수	님	멋	쟁	이	나	라	위
력	파	기	부	인	이	효	용	업	고	니	관	략	대	차

다음 보기를 보고 같은 것을 찾아 ◯표 하세요.

보기: 100975423

① 109975423   ② 100985423   ③ 100975422
④ 100975423   ⑤ 100875423

보기: 보느우사라코

① 보느우사라오   ② 보노우사라코   ③ 보느우사라코
④ 브느우사라코   ⑤ 보느오사라코

보기: eark

① earl   ② eerk   ③ eart
④ eark   ⑤ eakr

활동1 다음 그림 속에 숨어있는 그림을 찾아 ○표 하세요.

(안경, 국자, 포크, 깔때기, 물고기, 낚싯바늘, 종이배)

활동2 다음 그림 속에 숨어있는 그림을 찾아 ○표 하세요.

(국자, 돛단배, 별, 사람얼굴, 식칼)

거울 그림 그리기

활동 1   왼쪽 그림을 보고, 거울에 반사된 그림을 오른쪽 칸에 그려보세요.

활동 2   왼쪽 글자를 보고, 거울에 반사된 글자를 오른쪽 칸에 적어보세요.

패턴 인식하기 · 패턴 기억하기

활동 1 다음에 제시된 기호, 글자, 숫자를 보고 그 뒤에 올 두 가지가 무엇인지 적어보세요.

□▲□□□▲□□□□□▲□□□□□□	
1 3 5 7 9 11 13 15	
◄◄►►◄◄◄►►►◄◄◄◄►►	
1 1 2 3 3 4 5 5 6 7 7 8	
가 나 가 나 다 가 나 다 라 가 나 다 라 마	
1 1 1 2 2 4 3 3 9 4 4 16 5 5 25	
☞☞☞☞☞☞☞ ↑ ↓ ☞☞☞☞☞ ↑ ↓	
가 나 ▲ 다 라 ▲ 마	
1 5 9 13 17 21	

활동 2 아래 지도를 보고 화살표로 표시된 A지점에서 B지점으로 가는 코스를 기억하세요. 그리고 길의 방향과 거리 이름 등을 떠올리면서 기억한 코스를 다음 지도에 표시해 보세요.

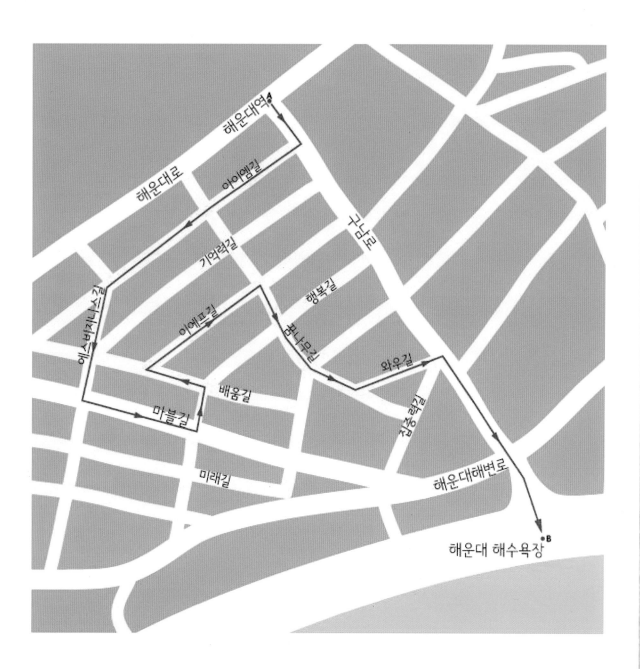

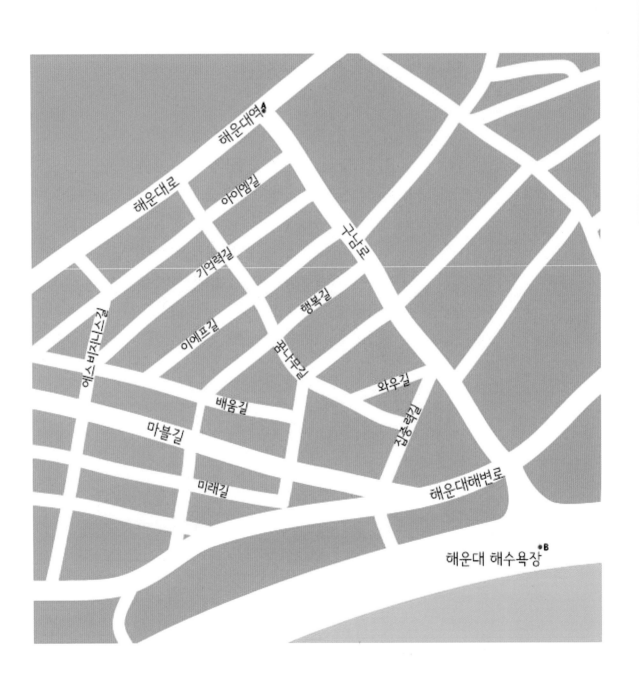

학습전략 프로그램 워크북 02 집중전략 | Concentration Strategy

이야기 읽고 답하기

활동1 다음 글을 읽고 질문에 답하세요.

한강, 낙동강 등 주요 상수원(먹는 물의 원천지)에 녹조현상이 확대되고 있다. 녹조현상은 하천 등에 녹조류(광합성 하는 녹색의 조류)가 크게 늘어 물빛이 초록색으로 변하는 것이다.

지난 8월 3일 경기 팔당댐 취수원(수돗물을 가져오는 근원지)에서 발생한 녹조현상은 7일 서울 한남대교까지 내려왔다. 또 낙동강 녹조는 대구와 경북 고령 일대에 이어 8월 7일에는 상류지역인 구미까지 확산된 것으로 확인됐다.

이번 녹조현상은 전국적인 폭염과 강수량 부족으로 물의 온도가 높아지면서 남조류의 일종인 '아나베나'가 극심하게 번식하면서 나타났다.

(어린이 동아, 2012.8.9.)

1) 이 글에서 '녹조'는 몇 번 나오는가? (   )
2) 이 글의 제목을 붙여보세요. (   )
3) 녹조현상과 가장 관련 없는 것을 고르시오.
① 녹조류   ② 강수량 부족   ③ 폭설   ④ 폭염

다음 글을 읽고 질문에 답하세요.

우리 조상은 꽃을 눈으로도 즐기고 입으로도 즐겼습니다. 삼짇날이 되면 진달래 꽃잎을 넣고 찹쌀가루를 둥글납작하게 부쳐서 만든 진달래 화전을 먹었습니다. 오늘날의 프라이팬이라고 할 수 있는 번철을 돌 위에 올리고 그 아래에 불을 피워 화전을 부쳤습니다. 번철 대신 솥뚜껑을 쓰기도 하였습니다.

삼짇날에는 진달래 화채도 만들어 먹었습니다. 진달래 꽃잎을 녹말가루에 묻혀 살짝 튀긴 뒤, 설탕이나 꿀을 넣어 달게 담근 오미자 즙에 띄워 먹었습니다.

진달래와 비슷한 철쭉꽃은 먹을 수 없는 꽃이라서 '개꽃'이라고 하였지만, 진달래는 먹을 수 있는 꽃이라 '참꽃'이라 불렀습니다. 진달래뿐만 아니라 벚꽃, 배꽃, 매화로도 화전을 만들어 먹었습니다.

(교육부, 2014)

1) 이 글에서 '꽃'은 몇 번 나오는가?   (   )
2) 이 글의 제목을 붙여보세요.   (   )
3) 녹조현상과 가장 관련 없는 것을 고르시오.
① 진달래 꽃   ② 벚꽃   ③ 철쭉꽃   ④ 매화

활동 1 그동안 배웠던 내용을 점검해 볼까요?

연번	질문	전혀 아니다 1	아니다 2	그렇다 3	매우 그렇다 4	친구 점수 /4
1	시각적 주의집중력이 무엇인지 잘 이해했나요?					/4
2	공부할 때, 시각적 주의집중력이 왜 필요한지 잘 알게 되었나요?					/4
3	시각적 주의집중력 연습을 통해 주의깊게 보고 집중하는 방법을 알게 되었나요?					/4
4	앞으로 수업시간에 수업자료를 주의깊게 보고 집중할 자신이 있나요?					/4
5	시각적 주의집중력 관리방법에는 무엇이 있나요? ① ② ③ ④	맞은 개수		(/4개)		
칭찬 하기	♥ 친구가 칭찬하기 ♥ 나에게 칭찬하기					

chapter

04

학습 주의집중력

CHAPTER 04

학습 주의집중력

주의집중력은 공부를 할 때 없어서는 안 되는 아주 중요한 마음과 생각의 힘입니다. 주의집중력이 부족하면, 방금 전에 공부한 내용도 금방 잊어버리고 여러 번 보게 되거나 몇 분 안에 금방 마칠 수 있는 학습지도 오래 붙들고 있으면서 딴 짓을 하거나 멍하게 있을 수 있습니다. 지금까지 우리는 나의 주변환경을 정리하고, 듣고 보는 아주 기본적인 주의집중력 전략을 연습을 해 왔습니다. 제4장에서는 지금까지 배운 여러 가지 주의집중력관리 방법을 실제 여러분이 수업시간에 배우는 장면과 유사한 상황에서 연습해 보도록 하겠습니다. 이 과정에서 여러분은 주의집중이 잘 되는 환경을 만들어 주의깊게 보고 들으며 공부를 할 수 있도록 여러 가지 주의집중력 전략을 동시에 잘 사용할 수 있게 될 것입니다.

목표

- 수업 장면에서 주의집중력 관리의 중요성을 이해할 수 있다.
- 집중해서 읽은 문단을 요약하여 정리할 수 있다.
- 주의집중을 해서 보고 들은 내용을 생각하여 표현할 수 있다.

준비물

- 학생용 워크북, 색깔펜(필기구)

수업에서 주의집중력 관리하기

활동 1 수업을 들을 때, 집중이 잘 되게 하기 위해 무엇을 해야 할지 자유롭게 나의 생각을 써 보세요. (그림이나 표를 그려도 됩니다.)

수업 전	수업 중 (청각집중력 관리)

수업 중 (시각집중력 관리)	수업 후

첫째, 공부를 시작할 때 나는 _____ 집중하겠습니다.

```
0              5              10
├──────────────┼──────────────┤
```

둘째, 공부를 할 때 나는 _____ 집중하겠습니다.

```
0              5              10
├──────────────┼──────────────┤
```

셋째, 공부가 끝난 후 나는 _____ 집중하겠습니다.

```
0              5              10
├──────────────┼──────────────┤
```

년　　　월　　　일

성명　　　　　(인)

점검하기

요일					
나의 점검					
담임 확인					

집중해서 읽은 내용 정리하기

 활동 1 아래 글을 문단을 나누어 읽고, 문단별로 중심내용을 정리해 보세요. 그리고 난 후 질문에 알맞은 답을 써 보세요.

반기문 이야기

국제연합기구(UN)는 세계평화를 유지하기 위한 국제기구로, 193개의 회원국이 있는 범세계적인 기구이다. 한국인 최초로 UN 사무총장이 된 반기문은 어릴 적 어려운 가정형편 속에서 성장했지만, 끊임없이 노력함으로써 어려운 환경을 극복하였다.

요약해보기

첫째, 어려운 환경 속에서도 꿈을 향해 최선을 다하는 태도를 가지고 노력했다. 장남인 반기문은 집안 살림이 어려워지면서 공부만 할 수 없게 되었다. 다른 일을 하면서도 공부를 게을리하지 않았고 외교관이라는 목표를 향해 꾸준히 노력하였다.

요약해보기

둘째, 꿈에 대해서 당당히 말하였다. 반기문은 학창시절에 영어경시대회에서 우수한 성적을 얻어 미국에 연수를 갔다. 케네디 대통령이 반기문에게 장래희망이 무엇이냐고 물었을 때, 반기문은 망설임 없이 "외교관입니다." 라고 씩씩하게 대답했다. 반기문은 그 대답을 하는 순간 꿈이 더 선명하고 명확하게 그려지는 기분이 들었다.

요약해보기

셋째, 자기 자신과 선의의 경쟁을 하였다. 반기문은 다른 것에는 욕심이 없었지만, 공부를 하는데 있어서는 '누구보다 잘하겠어. 반드시 누군가를 이기고 말겠어.' 라는 타인과의 경쟁을 하지 않고, '지금 나의 이 수준보다 더 잘하고 싶다.'고 생각하며 자기 자신을 성장시키기 위해 자기 자신과 선의의 경쟁을 끊임없이 하였다.

요약해보기

넷째, 모든 사람들에게 친절한 태도로 대하고 작은 인연도 소중히 여기려고 노력했다. 반기문은 외교관이 되고 난 후 아주 빠르게 승진 하였는데, 시기나 질투보다는 함께 일하는 직장 상사나 직원이든 간에 모두로부터 '반기문이라는 사람이 이런 사람이구나!'라는 존경을 받게 되었다. 반기문은 모든 사람들에게 친절하고 작은 인연에 대해서 소중히 여기고 배려하고 애쓰는 기본적인 삶의 자세를 가졌다.

이처럼 목표를 세우고 끊임없이 노력하며 훌륭한 성품을 지닌 반기문 사무총장은 자신의 꿈을 이루었을 뿐만 전 세계적으로 인정받는 위인이 되었다.

(김의식. 2012)

1) 이 글의 제목부분에 빨간색으로 밑줄을 그어 보세요.

2) 학창시절 반기문 사무총장의 꿈은 무엇이었나요?

3) 반기문 사무총장이 사람들의 역할모델이 될 수 있었던 노력들에는 무엇이 있었는지 초록색으로 밑줄을 그어보세요.

4) 반기문 사무총장은 어떤 삶의 자세를 가졌나요? 삶의 자세가 나타나는 내용을 파란색 펜으로 밑줄 그어 보세요.

5) 이 이야기의 중심내용을 적어보세요.

집중해서 보고 들은 내용 정리하기

활동 1 전래동화를 듣고, 다음 물음에 답하세요.

1) 이 이야기가 나에게 주는 교훈은 무엇인가요?

2) 이 이야기에서 등장인물(동물, 새 포함)은 몇 명인가?

3) 이 이야기의 소재는?

4) 이 이야기의 주제는 무엇인가?

활동 2 이 이야기를 읽고 난 후, 생각나는 것을 모두 적어 보세요. 모두 적은 후 이야기 내용을 잘 정리해서 써 보세요. 이야기 내용은 그림이나 만화, 도표, 마인드맵 등으로 정리해도 됩니다.

생각나는대로 적어보기	내 생각 표현하고 정리하기

학습 주의집중력 점검하기

활동 1 그동안 배웠던 내용을 점검해 볼까요?

연번	질문	전혀 아니다	아니다	그렇다	매우 그렇다	친구 점수
		1	2	3	4	/4
1	수업에서 어떻게 집중력관리를 할지 잘 이해했나요?	1	2	3	4	/4
2	공부할 때, 시각·청각적 주의집중력 관리를 어떻게 할지 잘 알게 되었나요?	1	2	3	4	/4
3	공부 후, 공부한 내용을 정리하는 여러 가지 방법을 알게 되었나요?	1	2	3	4	/4
4	앞으로 실제 수업에 집중력 관리방법을 사용해 수업을 집중해서 열심히 들을 자신이 생겼나요?	1	2	3	4	/4
5	학습장면에서 주의집중력을 향상시키는 방법에는 무엇이 있나요? ① ② ③ ④	맞은 개수	(/4개)			
칭찬하기	친구가 칭찬하기	나에게 칭찬하기				

참고문헌

교육부(2014). 초등학교 4학년 1학기 읽기.
교육부(2013). 초등학교 5학년 과학.
교육부(2013). 초등학교 6학년 국어.
교육부(2009). 초등학교 5학년 1학기 읽기.
김동일, 신을진, 이명경, 김형수 공저(2011). 학습상담. 서울: 학지사.
김소영, 서봉금, 김정섭(2014). 목표설정 중심의 시간관리 프로그램이 중학생의 진로 자기효능감에 미치는 효과. 사고개발, 2014,10(2), 31−47.
김소영, 최지만, 김정섭(2013). 학습컨설팅 프로그램이 초등학교 학습부진아의 주의집중력에 미치는 효과. 사고개발, 2013, 9(3), 43−61.
김영채(2005). 생각하는 독서. 서울: 박영사.
김영채(2011). 독서이해와 글쓰기. 서울: 교육과학사.
김의식(2012). 바보처럼 공부하고 천재처럼 꿈꿔라. 서울:명진출판.
김정섭(2009). 학습컨설팅의 중요성과 학습 컨설턴트의 역할. 학교심리와 학습컨설팅, 1(1), 19−33.
김정섭(2012). 교수학습센터를 위한 학습컨설팅. 교육심리연구, 26(4), 837−851.
김지영(2013). 자기조절학습프로그램이 초등 학습부진아의 학습동기와 학습전략에 미치는 영향. 부산대학교 대학원 석사학위 논문.
김지영, 김정섭(2014). 학교기반 학습컨설팅 프로그램이 초등학생의 학습전략에 미치는 효과. 학습자중심교과교육학회지, 14(6), 169−192.
김현영, 정영선(2010). 청소년을 위한 학습상담. 서울: 시그마프레스.
노지영(2011). 어린이를 위한 시간관리의 기술. 경기도: 위즈덤하우스.
박수홍, 안영식, 정주영(2010). 체계적 액션러닝. 서울: 학지사.
박은교(2011). 세계 1등 위인들이 들려주는 아주 특별한 시간관리 습관. 경기도: 니케북스.
사이언 베일락(2011). 부동의 심리학(박선령 역). 경기도: 21세기북스.
소년한국일보(2102). "꽃·풀잎 우산 속으로… 곤충들의 폭우 피하는 요령". 7월 29일.
신현숙(2005). 독서교육. 서울: 홍진P&M.
어린이동아(2012). "지구촌 '탄소 없애기' 대작전". 3월 12일.
어린이 동아(2012). "뜨거워진 한반도, '경북포도' 옛말". 8월 14일.
어린이 동아(2012). "확대되는 녹조현상". 8월 9일.
윤채영(2011). 전문가 모형의 학교기반 학습컨설팅 적용이 학습전략에 미치는 효과. 교육심리연구, 25(3), 545−567.
윤채영, 김정섭(2015). 학교기반 학습컨설팅 모형개발. 한국교육, 42(1), 107−135.
윤채영, 김정섭(2010). 예방적 학습컨설팅이 전환기 중학생의 학업동기에 미치는 영향. 중등교육연구, 58(3), 381−408.
윤채영, 황두경, 김정섭(2012). 초등 학습부진아와 일반아의 학업동기와 학습전략 특성 비교. 사고개발, 8(2), 125−149.
윤현주, 윤소영, 김정섭(2009). 주의집중전략 훈련이 초등학생의 학습태도와 학업성취도에 미치는 영향. 학교심리와 학습컨설팅, 1(1), 67−78.
이채윤(2006). 컴퓨터 병을 고치는 의사 안철수. 서울: 보물섬.
이화진, 임혜숙, 김선, 송현정, 홍순식, 조난심(1999). 초등학교 학습부진아용 교수−학습자료 개발: 학습동기 전략 프로그램
    (CRC 1999−2). 서울: 한국교육과정평가원.
전도근(2012). 공부의 달인이 되는 기억력과 암기력 향상 전략(교사용 지도서). 서울: 학지사.
전도근(2011). 공부의 달인이 되는 기억력과 암기력 향상 전략(학생용 워크북). 서울: 학지사.
전도근(2010). 자기주도적 학습전략 시리즈 2: 공부의 달인이 되는 주의 집중력 향상 전략 교사용 지도서. 서울: 학지사.
정미선, 정세영(2012). 영재학생과 일반학생의 학습양식 비교. 영재교육연구, 2012, 22(2), 39−59.
정세영, 김정섭(2013). 전환기 중학생의 학습동기와 학습전략의 관계. 사고개발, 2013, 9(1), 161−176.
천경록, 이경화 역(2003). 독서지도론, 서울: 박이정.
최동선, 정향진, 이민욱, 문한나, 추연우, 현지훈(2014). 국가직무능력표준(NCS)학습모듈 활용방안 연구. 서울: 한국직업능력개발원.
최정원, 이영호(2006). 시험불안 다루기 전략 및 시험전략. 서울: 학지사.
표시정(2007). 은혜갚은 꿩. 서울: 씽크하우스.
한국콘텐츠진흥원(2005). "산사의 소리, 은혜 갚은 꿩". http://www.culturecontent.com (2015.8.20. 방문).
호아킴 데 포사다(2009). 마시멜로 이야기. 서울: 한국경제신문사.
황경렬(1997). 행동적, 인지적, 인지−행동 혼합적 시험불안 감소훈련의 효과비교. 한국심리학회지: 상담과 심리치료, 9(1), 57−80.
황두경, 김정섭(2014). 초등학교 학습부진학생의 시간관리능력과 학업적 자기효능감에 대한 시간관리 학습전략 프로그램의 효
    과. 사고개발, 10(4), 39−57.
Bobb Biehl, B., & Paul Swets. (2012). 꿈을 향한 31일간의 여행(박영인 역). 경기도: 큰나무(원저 2007에 출판).
Carolyn, C. (2012). 학습부진아 지도를 위한 220가지 전략 학습코칭(정종진 역.). 서울: 시그마 프레스(원저 2001 출판).
Finch, C. R., & Crunkilton, J. R.(1999). Curriculum development in vocational and technical education. planning, content,
    and implementation, MA : Allyn and Bacon.
Stephen R. Covey., A. Roser Merrill., & Rebecca R. Merrill. (1997). 소중한 것을 먼저 하라(김경섭 역). 서울: 박영사(원저
    1994에 출판).

 **공저자약력**

김정섭(KIM JungSub)

창의성교육, 비판적사고, 칭찬프로그램개발에 관심을 가지고 연구를 하였고, 최근에는 학습컨설팅을 토대로 한 학교심리학에 많은 관심을 가지고 있다. 현재 부산대학교 교육학과 교수로 근무하고 있다.

✉ creativejin@pusan.ac.kr

강명숙(KANG MyungSuk)

인지, 정서, 행동문제로 어려움을 겪고 있는 학생들의 적응을 위한 학습컨설팅 및 창의력교육에 관심을 가지고 연구하고 있다. 현재 한국학습컨설팅센터장으로 근무하고 있다.

✉ kangms386@hanmail.net

윤채영(YOON ChaeYoung)

학습컨설팅, 학습부진, 학습전략, 학습몰입, 학업중단, 학사경고 등에 관심을 가지고 연구하고 있다. 현재 신라대학교 교육혁신본부 교수로 근무하고 있다.

✉ chaeyoungy@hanmail.net

정세영(JUNG SeYoung)

창의력과 글 이해에 대하여 관심을 가지고 연구하였고, 최근 학습컨설팅과 창의적 학습에 많은 관심을 가지고 있다. 현재 계명대학교 교수학습개발센터 교수로 근무하고 있다.

✉ 308580@hanmail.net

김지영(KIM JiYoung)

학습부진, 학습동기 및 학습전략에 관심을 가지고 연구하였으며, 최근 대학생의 진로/학습컨설팅과 수업참여에 많은 관심을 가지고 있다. 현재 경남대학교 대학혁신지원사업단 교수로 근무하고 있다.

✉ chinkuya@hanmail.net

김소영(KIM SoYeong)

진로상담, 학습자 심리정서조절, 학습부진아 학습컨설팅, 진로학습컨설팅에 관심을 가지고 연구하고 있다. 현재 영산대학교 교수학습개발원 교수로 근무하고 있다.

✉ donald9328@gmail.com

황두경(HWANG DuGyeong)

학습부진 및 시간관리에 관심을 가지고 연구를 하였고, 최근에는 대학생의 학습역량 강화 프로그램 개발에 많은 관심을 가지고 있다. 현재 동의대학교 교수학습개발센터 교수로 근무하고 있다.

✉ hdk1225@deu.ac.kr

학습컨설팅 프로그램 시리즈

 학습전략 프로그램

: 학습컨설턴트, 교사 등 전문가들을 위한 학습전략 프로그램 사용 안내서

- 학습전략 프로그램 1 : 시간관리
- 학습전략 프로그램 2 : 집중전략
- 학습전략 프로그램 3 : 기억전략
- 학습전략 프로그램 4 : 읽기전략
- 학습전략 프로그램 5 : 시험관리

 학습전략 프로그램 워크북

: 프로그램에 따른 학습전략 사용능력 향상을 위한 실전용 학생 개별 활동지

- 학습전략 프로그램 워크북 1 : 시간관리
- 학습전략 프로그램 워크북 2 : 집중전략
- 학습전략 프로그램 워크북 3 : 기억전략
- 학습전략 프로그램 워크북 4 : 읽기전략
- 학습전략 프로그램 워크북 5 : 시험관리

학습컨설팅 시리즈
학습전략 프로그램 워크북 02 집중전략

초판발행	2020년 3월 4일
공저자	김정섭·강명숙·윤채영·정세영·김지영·김소영·황두경
펴낸이	노 현
편 집	조보나
기획/마케팅	이선경
표지디자인	조아라
제 작	우인도·고철민
펴낸곳	㈜ 피와이메이트
	서울특별시 금천구 가산디지털2로 53 한라시그마밸리 210호(가산동)
	등록 2014. 2. 12. 제2018-000080호
전 화	02)733-6771
f a x	02)736-4818
e-mail	pys@pybook.co.kr
homepage	www.pybook.co.kr
ISBN	979-11-6519-006-4 94370
	979-11-6519-011-8 94370(세트)

copyright©김정섭·강명숙·윤채영·정세영·김지영·김소영·황두경, 2020, Printed in Korea

정 가   9,500원

박영스토리는 박영사와 함께하는 브랜드입니다.